Ernst Ludwig von Gerlach

Die Annexionen und der norddeutsche Bund

Ernst Ludwig von Gerlach

Die Annexionen und der norddeutsche Bund

ISBN/EAN: 9783743424708

Hergestellt in Europa, USA, Kanada, Australien, Japan

Cover: Foto ©ninafisch / pixelio.de

Manufactured and distributed by brebook publishing software
(www.brebook.com)

Ernst Ludwig von Gerlach

Die Annexionen und der norddeutsche Bund

Die Annexionen

und

der Norddeutsche Bund.

Vom Verfasser der Rundschauen.

September 1866.

Berlin.

Verlag von Stilke und van Muyden.

Unter den Linden 21.

1866.

Die Annexionen

und

der Norddeutsche Bund.

Suum cuique.

Derselbe Verfasser hat im Mai d. J. über die damalige Situation in drei durch die Kreuzzeitung veröffentlichen Aufsätzen sich ausgesprochen.

Er ging davon aus, daß Gottes Gesetz nicht neben oder gar unter, sondern über den Sphären der Diplomatie, der Politik und des Krieges stehe, und diese Gebiete gleich denen des Privatlebens mit souveräner Autorität umfasse, so daß es auch ihre oberste Richtschnur sei. Er warnte vor der Irrlehre, als hätten Staatsmänner kein höheres Gesetz als patriotischen Egoismus.

„Nationale Bedürfnisse und Forderungen" — „welthistorische Momente und welthistorische Mission" — „providentieller Beruf und providentielle Ziele" — diese und alle ähnliche Ideen haben sich tief unterzuordnen unter die heilige Majestät der Gebote Gottes, derselben Gebote, die das Dorfkind in der Schule lernt, deren Tiefe aber und Höhe kein menschlicher Geist zu ermessen ausreicht.

Die Französische Revolution von 1789 und die Hinrichtung des Königs waren gewiß „welthistorische Momente". Eine imposante „Machtentfaltung und Machterweiterung" errang die „große Französische Nation" durch erstaunliche Waffenthaten. Sie meinte in ihrem Durst nach Kriegsruhm und Herrschaft nicht leben und athmen zu können ohne solche Erweiterung. Große „Ziele" hatte die „Providenz" zu erreichen und hat sie erreicht durch Napolcons „geschichtliche Mission". Unzählig wa-

1*

ren daher die Geister, namentlich in Deutschland, welche Na=
poleon an seinen Siegeswagen band, unter ihnen Johannes
Müller, der deutsche Tacitus, und Göthe. Sie konnten ihm
nicht widerstehen und ergaben sich, denn sie fanden nichts in
ihrem Gewissen, woran sie sich hätten halten können gegen den
Carl den Großen des Jahrhunderts, der so gewaltig daher brauste
im Sturm der Siege und der erhabenen Ideen. Aber Moskau,
Leipzig, Elba und Waterloo waren nicht minder „welthistorische
Momente". Die siegenden Alliirten hatten ebensowohl eine „welt=
historische Mission" und „providentielle Ziele" auf ihrer Seite.
Und erst St. Helena drückte das Siegel auf alle diese welt=
historischen Begebenheiten und gab nach einem Vierteljahrhundert
ihnen ihre rechte Auslegung.

Es ist besser, wir enthalten uns der hohen Worte, und
stellen, wenn wir urtheilen müssen, in Demuth das Endurtheil
über alle Thaten der Menschen, auch über die welthistorischen,
dem jüngsten Gerichte anheim, dem Gerichte, in welchem nicht
menschliche große Ideen, sondern Gottes Gebote der endgültige
Maaßstab sein werden. Gerechtigkeit und Wahrheit sind die
weiseste Politik; und der beste Patriotismus ist der, welcher
spricht: „Was hülfe es meinem Vaterlande, wenn es die ganze
Welt gewönne und nähme doch Schaden an seiner Seele?"

Eine „Realpolitik" oder „Politik der Thatsachen", die sich
losmacht von den Geboten Gottes — also von der Quelle alles
Rechts und von der Wurzel des Staats — ist eine geistlose
Politik im eigentlichsten Sinne des Worts.

„Allein in dem Glauben an dem lebendigen Gott" — so sprach
Herr von Mühler, der Cultusminister, im Namen der Preußi=
schen Regierung, am 13. März 1865 im Abgeordnetenhause —
„wie er in der heiligen Schrift Alten und Neuen Testaments
geoffenbart ist, und in dem Gehorsam gegen Seine Gebote
erkennt die Staatsregierung die sichere Bürgschaft für die Wohl=

fahrt der Nation. Indem sie zu diesem Glauben sich bekennt, wird sie in ihm Maaß und Richtschnur finden für ihre legis= latorische Thätigkeit", — also gewiß doch auch für ihre politische Thätigkeit. Diese richterliche Erhabenheit des göttlichen Willens und Gesetzes über alles menschliche, — über Königreiche nicht minder als über den geringsten Tagelöhner, — dem Gewissen tief einzuprägen, das ist der Zweck, warum unsere Könige so feierlich „von Gottes Gnaden" sich nennen, wenn sie in wich= tigen Momenten ihres Königthums öffentlich gedenken. Und demselben Zweck hat der Bettag dienen sollen, den unseres Kö= nigs Majestät angeordnet hat, als der Krieg begann. Als Volk, als Staat, als große Gemeinschaft sollten wir an diesem Tage in unser Herz gehen, unser Gewissen durchforschen im Lichte des Gesetzes und der Gnade Gottes und uns demüthigen und reinigen vor Ihm.

Die specielle Tendenz jener drei Aufsätze war beizutragen zur Aufrechthaltung des Friedens in Deutschland.

Sie suchten zu zeigen, daß Oesterreichs Gesammthaltung und Rüstungen einen defensiven Charakter hatten, unter be= sondrer Hervorhebung des Verhältnisses Oesterreichs und andrer= seits Preußens zu Italien. Sie machten weiter geltend, daß unser König und der Kaiser, versichert hatten, — beide persön= lich und beide, wie sich von selbst versteht, völlig glaubhaft — daß sie keinen Angriffskrieg wollten. Sie hoben hervor, daß damals der Bund einstimmig, mit Einschluß Preußens, „allseitige Entwaffnung" beschlossen und zugleich ausgesprochen hatte: „daß somit die Frage von der Priorität der Rüstungen nicht mehr von entscheidender Bedeutung sei". Sie stellten endlich fest, daß nach allem diesem nun, Ende Mai, kein Streitpunkt übrig ge= blieben war, als Schleswig=Holstein. Aber auch in dieser

Beziehung hat Preußen noch am 4. Juni in einer Circulardepesche an seine Vertreter im Auslande*) „feierlich protestirt gegen jeden Gedanken an den Wunsch die preußischen Ansprüche an die Herzogthümer durch Gewalt und mit Mißachtung gegen die Rechte des Mitbesitzers geltend zu machen". Kam also über diesen Punkt keine Einigung zu Stande, so hatte die Gemeinschaft fortzudauern, deren Inconvenienzen kaum in Betracht kommen in Vergleich mit dem was nachher geschehen ist.

Verfolgen wir nun den weiteren Verlauf. Nicht die Darstellung eines Abschnitts deutscher Geschichte, auch nicht das Urtheil darüber, ist Motiv und Selbstzweck dieser Betrachtung. Sondern auf die jetzigen Bedürfnisse unsres großen deutschen und unsres preußischen Vaterlandes ist unser Blick gerichtet. Große und schwere Aufgaben sind für uns schon vorhanden und noch größere stehen bevor. Aber was wir jetzt zu thun, wie wir uns in den umgewandelten Zuständen zu verhalten haben, das können wir nicht erkennen, ohne den Gang dieser Umwandlung selbst in seinen Hauptmomenten uns zu vergegenwärtigen. Wir halten uns dabei an diejenigen Thatsachen, welche durch öffentliche Nachrichten bekannt geworden sind.

Also — Preußen und Oesterreich hatten sich nicht vereinigt. Der letzte preußische Vorschlag an Oesterreich vom 7. Mai**) ging dahin: diese Frage und die Bundesreform gemeinschaftlich zu verhandeln. Etwa vier Wochen vorher hatte Preußen seinen Bundesreformvorschlag auf der Basis eines Parlaments aus dem allgemeinen Stimmrecht gemacht ohne mit Oesterreich vorher sich verständigt zu haben, ähnlich wie Oester-

*) S. Kreuzzeitung vom 12. Juni.
**) S. die Depesche vom 4. Juni in der Kreuzzeitung vom 12. Juni.

reich 1863 seine Bundesreform vorschlug ohne vorgängige Ver=
ständigung mit Preußen. Damals lehnte Preußen mit Recht
den Oesterreichischen Vorschlag ab; jetzt ging Oesterreich auf den
Preußischen nicht ein. Es ist wahrscheinlich, daß Oesterreich an
dem Parlament aus dem allgemeinen Stimmrecht Anstoß nahm.

Seine defensive und conservative Haltung hat es durch
dieses Nichteingehen nicht verleugnet.

Es wurde dann der in Paris zu haltende Congreß an=
geregt. Oesterreich verlangte daß auf diesem Congresse „jede
territoriale Vergrößerung und jeder Machtzuwachs“ eines der
Congreßstaaten ausgeschlossen bleibe, und daß „das öffentliche
europäische Recht und demgemäß die Verträge als natürlicher
Ausgangspunkt dienen“ sollten. Zugleich äußerte Oesterreich
sein Befremden, daß nicht auch die Päpstliche Regierung wegen
der „Italienischen Differenz“ eingeladen worden.*)

In grellem Gegensatz zu diesen conservativen Tendenzen
hatte Napoleon III., der in freundlicher Beziehung zu Preußen
und zu Italien stand, wenige Wochen vorher, am 6. Mai, in
Auxerre mit gesuchter Oeffentlichkeit erklärt: er habe „die Ge=
sinnungen des Oberhaupts seiner Familie, des ersten Napoleon,
geerbt“, und „hasse die Verträge von 1815,**) die Verträge,
auf denen der Besitzstand von Europa beruhte, namentlich auch
der Besitzstand Preußens und insbesondere der Besitz der preu=
ßischen Rheinprovinz. Um diesen Besitzstand zu begründen, sind
1815 des ersten Napoleon „Gesinnungen“ von Europa verurtheilt
und ist er selbst besiegt und verbannt worden.

Das neue Königreich Italien hat seit seinem Entstehen un=
ausgesetzt die Absicht zur Schau getragen, bei der ersten günstigen
Gelegenheit Venetien gewaltsam zu annectiren, welches Land

Oesterreich gleichfalls auf Grund der Verträge von 1815 besaß.
Dadurch war zugleich der Territorialbestand des angrenzenden
Deutschlands gefährdet, namentlich Thyrols, also des Bundes
selbst, an der Seite, welche zu schützen Oesterreich den nächsten
Beruf hatte. Eine günstigere Gelegenheit für Italien zum Ein=
fall in Venetien und Deutschland ließ sich schwer denken als die
Krieg drohende Spannung zwischen Preußen und Oesterreich.
Preußen war überdies in intimen Verhältnissen mit Italien, in
Verhältnissen, die wenige Wochen nachher in eine förmliche Al=
lianz übergingen. Da also ein Theil der Congreßmächte Vene=
tien Oesterreich abnöthigen wollte, so mußte der Congreß schei=
tern. Er ist gescheitert an Oesterreichs defensiver Haltung.

So standen die Sachen, als Oesterreich am 1. Juni am
Bunde erklärte: da wegen der Elbherzogthümer keine Einigung
mit Preußen zu Stande gekommen, so stelle es „in dieser ge=
meinsamen deutschen Angelegenheit alles weitere den Entschlie=
ßungen des Bundes anheim".*) Der Wortlaut dieser Erklä=
rung zeigt, daß sie keineswegs „eine Uebertragung der Rechte
Oesterreichs an den Herzogthümern auf den Bund" enthält.
Sie war nicht einmal eine Aufforderung an den Bund, sich mit
der Sache zu befassen. Der Bund hätte in vollem Einklange
damit beschließen können: er wolle für jetzt nichts thun; das
Gasteiner Interim möge ruhig fortdauern. Auch war sie kein
Bruch der Verabredungen mit Preußen. Mit diesen Verab=
redungen hatte es folgende Bewandniß.

Der Erbprinz von Augustenburg behauptete, der rechtmäßige
Herzog von Schleswig=Holstein zu sein. Preußen hatte 1863,
obschon er preußischer Officier war, geduldet, daß er den „Kieler
Hof" gründete. Noch nach Düppel hatten, am 28. Mai 1864,
in den Londoner Verhandlungen Preußen und Oesterreich ge=

*) S. Kreuzzeitung vom 5. Juni.

9

meinſchaftlich erklärt: „der Erbprinz könne in den Augen Deutſch-
lands die beſten Erbfolgerechte geltend machen; ſeine Anerkennung
durch den Bund ſei gewiß und er habe die zweifelloſen Stimmen
der immenſen Majorität der Bevölkerung der Herzogthümer für
ſich.“ In demſelben Sinne hatte eine große Zahl deutſcher
Univerſitäten — wohl die Mehrzahl — ſich ausgeſprochen. Es
lag alſo ein Rechtsſtreit vor über das Bundesland Holſtein
zwiſchen dem Erbprinzen einerſeits und andrerſeits dem Könige
Chriſtian, jetzt, nach dem Wiener Frieden, ſeinen Rechtsnachfolgern,
Preußen und Oeſterreich. Dieſer Streit gehörte vor den Bund.
Denn dieſer hatte nach ſeiner Verfaſſung ſolche Streitigkeiten
zu vermitteln und, wenn kein Vergleich ſtattfand, die Entſchei-
dung im Wege einer Austrägal-Inſtanz einzuleiten. Dieſem
Bundesrechte gemäß hatte im December 1863 Se. Majeſtät der
König von Preußen dem Abgeordnetenhauſe auf deſſen Antrag,
den Erbprinzen als Herzog einzuſetzen, erwidert: „Die Suc-
ceſſionsfrage wird durch den deutſchen Bund unter Meiner Mit-
wirkung geprüft werden, und dem Ergebniſſe dieſer Prüfung
kann Ich nicht vorgreifen.“*) Und in demſelben Sinne hat
kurz vor dem Bundesbruche im Juni dieſes Jahres Oldenburg
ſeine Succeſſionsanſprüche an die Herzogthümer beim Bunde
angemeldet und geltend gemacht, ohne Widerſpruch von Seiten
Preußens. An dieſer Bundescompetenz hat der Wiener Friede
nichts geändert. König Chriſtian hat nur die Rechte abgetreten
und abtreten können, die er hatte. Ebenſo wenig konnten Preußen und Oeſterreich durch Abreden unter ſich daran etwas ändern.
Sie konnten weder dem Erbprinzen noch dem Bunde etwas ver-
geben. Sie haben dies auch nicht verſucht. Die Convention
vom 16. Januar 1864 — unmittelbar vor Ausbruch des däni-
ſchen Krieges — ſagt zwar: die beiden Mächte würden über die

Erbfolge „nicht anders als in gemeinsamem Einverständnisse ent=
scheiden",*) das heißt: keine von ihnen allein. Ein Versuch,
die Entscheidung mit Ausschluß des Bundes vor sich zu ziehen,
in die Bundescompetenz einzugreifen oder daran etwas zu ändern,
liegt in diesem Uebereinkommen nicht. Ein solcher Eingriff hätte
im Widerspruche gestanden mit dem Rechte des Erbprinzen, mit
dem Bundesrechte und mit der oben erwähnten einige Wochen
vorher öffentlich erklärten Anerkennung der Bundescompetenz von
Seiten Sr. Majestät des Königs. Die Gasteiner Convention
endlich enthält nichts über die Erbfolge und die Bundescompetenz.

Dagegen wirft was 1865 über diese Convention am Bunde
verhandelt worden, ein helles Licht auf die damalige Auffassung
der Bundescompetenz von Seiten der beiden Großmächte. Im
Juni 1865 hatten nämlich Baiern, Sachsen und Großherzog=
thum Hessen am Bunde beantragt, die beiden Großmächte zu
befragen, was sie gethan hätten und noch zu thun beabsichtigten
um die Lösung der Fragen wegen der Herzogthümer herbeizuführen.
Darauf wurde am 14. August die Convention von Gastein ge=
schlossen und am 24. August von Preußen und Oesterreich dem
Bunde vorgelegt. Dabei erklärten beide Großmächte auf jene
Frage nicht etwa: sie sei nicht Sache des Bundes, sondern
nur Sache der beiden Mächte — vielmehr erklärten sie: „daß
die Verhandlungen zwischen ihnen fortdauern, und daß sie die
Bundesversammlung ersuchen, dem Ergebnisse dieser Verhand=
lungen mit Vertrauen entgegen zu sehen."**)

Nach allem diesen war es wegen des geforderten „Vertrauens"
sogar eine besondere Pflicht der Großmächte, wenn sie keine
Hoffnung mehr hatten einig zu werden über Holstein, davon
dem Bunde Anzeige zu machen und ihm das Weitere anheim

---

*) S. Staatsanzeiger vom 6. Juni.
**) S. ebendaselbst vom 27. August 1864.

zu geben. Dies, und nicht mehr als dies, hat Oesterreich durch seine Erklärung vom 1. Juni gethan.

Nach der jetzigen Ueberzeugung Preußens — welche auch die Ueberzeugung des Verfassers dieses Aufsatzes ist — hat der Erb= prinz kein Erbfolgerecht an den Herzogthümern. Denn sein noch lebender Vater hat für sich und sein Haus seinen etwanigen Erb= rechten förmlich und feierlich gegen ein Aequivalent entsagt. Hätten Preußen und Oesterreich an dieser Entsagung und an dem Londoner Vertrage festgehalten und letzteren nicht angezweifelt, so wäre die ganze Verwickelung nicht entstanden. Wohl aber hatte der Erbprinz ein Recht zu verlangen daß seine Ansprüche am Bunde geprüft wurden.

Nun berief Oesterreich am 5. Juni die holsteinischen Stände. Preußen erklärte diese Maßregel für eine Verletzung der zwischen den beiden Großmächten bestehenden Rechtsverhältnisse, rückte am 7. Juni ungeachtet des Protestes des österreichischen Statthalters in Holstein ein und verhinderte mit Gewalt die Versammlung der Stände. Die Oesterreicher verließen Holstein, indem sie der Uebermacht wichen.

Die Gasteiner Convention hatte die Ausübung der beider= seitigen Regierungsrechte in den Herzogthümern nicht sachlich, sondern territorial abgegrenzt, indem sie diese Rechte in Holstein an Oesterreich übertrug, ebenso wie die in Schleswig an Preußen, ohne irgend eine Art von Regierungsrechten auszunehmen. Die Berufung einer Ständeversammlung ist ein Regierungsrecht, aber kein höheres Regierungsrecht als das Recht der Gesetzgebung. Dies letztere Recht hatte Preußen einige Monate vorher in Schleswig ausgeübt, indem es Demonstrationen für den Erb= prinzen bei schweren Strafen untersagte, obschon Preußen sowohl als Oesterreich, wie oben näher gezeigt, 1864 den Erbprinzen für den Bestberechtigten erklärt hatte.

Es war billig, daß in der im Juni brennenden Krisis Holstein durch seine verfassungsmäßigen Organe zu Worte kam, wie jetzt Nordschleswig über die Frage: ob dänisch? zu Worte kommen soll. Eine entscheidende Stimme über die Erbfolge hat Oesterreich den holsteinischen Ständen nicht eingeräumt, und es liegt keine Andeutung vor, daß es eine solche ihnen eingeräumt haben würde wenn sie zusammengekommen wären. Erst wenn Oesterreich dies gethan hätte, würde es der Gasteiner Convention und Preußens Rechten entgegen gehandelt haben.

Es war also nun durch Preußens Einmarsch in Holstein eine Verletzung des Besitzstandes Oesterreichs am Bundeslande Holstein eingetreten, „Thätlichkeiten", wie die Wiener Schluß=acte von 1820 sich ausdrückt. Für diesen Fall, selbst wenn Thätlichkeiten auch nur zu besorgen waren, schreibt dieses Bundesgrundgesetz vor, daß „die Bundesversammlung berufen sei vorläufige Maßregeln zu ergreifen, wodurch jeder Selbsthülfe vorgebeugt und der bereits unternommenen Selbsthülfe Einhalt gethan werde." „Zu dem Ende," heißt es weiter, „hat sie vor Allem für Aufrechthaltung des Besitzstandes Sorge zu tragen," ohne einen Unterschied zu machen, ob dieser Besitzstand so oder so entstanden war. Der Oesterreichische Besitz Holsteins war über=dies unzweifelhaft rechtmäßig entstanden, nämlich ebenso wie der Preußische Besitz Schleswigs, durch den Wiener Frieden und durch die Gasteiner Convention.

Nun theilte am 10. Juni Preußen den deutschen Regie=rungen in zehn Artikeln seine „Grundzüge einer neuen Bundes=verfassung" zur Erwägung mit. Der erste dieser Artikel lautet: „Das Bundesgebiet besteht aus den Staaten, welche bisher dem Bunde angehört haben, mit Ausnahme der Kaiserlich Österreichischen und Königlich Niederländischen Landestheile."*)

---

*) S. Kreuzzeitung vom 13. Juni.

Am 11. Juni erfolgte dann am Bunde Oesterreichs Antrag das Bundesheer mobil zu machen, indem es das Einrücken Preußens in Holstein als Bruch der Gasteiner Convention und als Selbsthülfe bezeichnete und auf die oben angeführten Vorschriften der Bundesgesetze sich berief.*)

Eine Mobilmachung der eigenen Truppen ist zunächst ein Act der inneren Verwaltung jedes Staates und verschieden von einer Kriegserklärung. In diesem Sinne hatten Preußen und Oesterreich bereits lange vorher mobil gemacht. Die Mobil= machung nimmt aber einen feindlichen Character an wenn er= hellt, daß ihr widerrechtliche, den Nachbar bedrohende Absichten zum Grunde liegen, und kann alsdann unter Umständen für den Nachbar ein rechtmäßiges Motiv des Krieges werden. Dieser Antrag Oesterreichs hatte jedoch einen wesentlich defensiven Character. Oesterreichs Besitz in Holstein sollte hergestellt und erhalten werden. Diese Mobilmachung fällt sonach unter den Begriff derjenigen „vorläufigen Maßregeln, durch welche der Selbsthülfe vorgebeugt und der bereits unternommenen Einhalt gethan werden" soll, nach der wörtlichen Vorschrift des angeführ= ten Bundesgrundgesetzes. Es kam zu diesem speciellen Motive hinzu, daß notorisch der Krieg zwischen Preußen und Oesterreich in drohender Nähe bevorstand und dann auch der Einbruch Italiens nicht bloß in Venetien, sondern auch in das Bundesland Thyrol, der bald nachher auch wirklich erfolgt ist. Die Gefahr nicht allein dieses oder jenes Bundesgliedes, sondern die Gefahr für die Existenz des gesammten Bundes lag zu Tage. Wem die Schuld dieses Zustandes zur Last fiel, darauf kam es für die Frage, ob mobil zu machen, nicht an. Die Gefahr hatte schon seit Wochen und Monaten immer mehr sich gesteigert. Die Bundesstaaten waren, laut Artikel 11 der Bundesacte, vertrags=.

---

*) S. Kreuzzeitung vom 14. Juni.

und gesetzmäßig verpflichtet, „unter keinerlei Vorwande sich unter einander zu bekriegen oder ihre Streitigkeiten durch Waffengewalt abzumachen, sondern sie bei der Bundesversammlung anzubringen, welche, wenn sie vergeblich die Vermittelung versucht hätte, deren Entscheidung durch eine Austrägal-Instanz herbeiführen sollte."

Statt also Oesterreichs Antrag für verfrüht zu erachten, wird man eher sagen müssen, daß schon lange — namentlich seit Preußen und Oesterreich gerüstet und gespannt einander gegenüber standen — es aller Bundesglieder Pflicht gewesen war, ebenfalls zu rüsten, um dem gefährdeten Bunde eintretenden Falles zu Hülfe zu kommen. Wäre dies geschehen, hätte der gesammte Bund Anfang Juni in Waffen und schlagfertig dage-standen, so stände der Bund selbst vielleicht jetzt noch aufrecht. Daß es nicht geschehen, ist ein Beweis der Schwäche des Bundes in politischer wie in militärischer Beziehung.

Man hat auf diese Frage von der Mobilisirung des Bundesheeres die Regeln derjenigen Bundesgesetze anwenden wollen, welche die Fälle der Kriegführung des Bundes be-stimmten, nämlich: feindlicher Ueberfall von einer auswärtigen Macht, oder Beschluß des Krieges durch Zwei-Drittel-Bundes-mehrheit. Aber Mobilisirung ist eben nicht Krieg, sondern nur Vorbereitung zum Kriege. Der Bund wäre durch seine eigenen Gesetze von vorn herein zum Untergange verurtheilt gewesen, wenn er nach diesen Gesetzen erst hätte mobilisiren dürfen, nachdem ein feindliches Heer ihn überfallen, oder nachdem die Zwei-Drittelmehrheit den Krieg beschlossen hätte. Mobil-machungen müssen, der Natur der Sache nach, in der Regel dem Kriege vorangehen, so wie in diesem Jahre die Mobilmachungen der beiden Großmächte dem Kriege vorangegangen sind.

Der Bund nahm am 14. Juni durch Stimmenmehrheit den Oesterreichischen Mobilisirungsantrag an. Aber er erklärte damit, wie gezeigt worden, nicht den Krieg an Preußen, sondern er beschloß nur die Rüstung für den Fall daß Krieg nöthig werden würde. Es war daher in der Ordnung und unvermeid= lich, daß die Bundesglieder fortfuhren, mit beiden Großmächten in Communication zu bleiben und zu verhandeln, gerade wie Preußen und Oesterreich gerüstet hatten für den Fall des Krieges, gleichwohl aber den diplomatischen Verkehr mit einander fortgesetzt haben, bis in der Mitte des Juni die Gesandten abgerufen wurden.

Hierauf erklärte Preußen noch in derselben Sitzung der Bundesversammlung: „schon die Einbringung des österreichischen Antrags sei Bundesbruch; durch die Annahme des Antrags sei der „Bundesbruch" vollzogen", Preußen sehe daher den Bundes vertrag als „nicht mehr verbindlich an, sondern werde ihn als erloschen betrachten und behandeln.*)

Nach den vertragsmäßig festgestellten Bundesgesetzen war der Bund unauflöslich und kein Glied des Bundes berechtigt ein= seitig auszutreten. Hätte daher der Bund durch Stimmenmehr= heit bundeswidrige Beschlüsse gefaßt, so hätte zwar unter Um= ständen die bundestreue Minderheit nicht allein das Recht, sondern auch die Pflicht haben können, sich denselben zu widersetzen, sogar, wenn nöthig, durch Waffengewalt. Allein ein solcher Krieg hätte nach Bundesrecht immer nur die Aufrechthaltung des Bundes in seinen verfassungsmäßigen Schranken zum Gegenstande haben dürfen, nicht aber die Sprengung des Bundes. Diese hat Deutschland in unverbundene Einzelstaaten aufgelöst, die sich nun nach Willkür selbst mit dem Auslande verbinden oder darin auf= gehen konnten und denen der Rechtsschutz gegen Vergewaltigung von innen und außen entzogen war.

Insbesondere hatten diejenigen Bundesglieder, welche am 14. Juni mit Preußen gestimmt und daher Preußen zu keinerlei Unzufriedenheit Veranlassung gegeben hatten, das durch Vertrag

---

*) S. Kreuzzeitung vom 16. Juni.

und Geſetz ihnen verſicherte Recht auf Fortdauer des Bundes und deſſen Schutzes. Es waren dies gerade die ſchwächſten, mithin ſchutzbedürftigſten deutſchen Staaten. Die Sprengung des Bundes machte ſie in den angedeuteten Beziehungen gewiſſer= maßen vogelfrei, ſo z. B. Mecklenburg, — auf die bloße Hoff= nung eines neuen Bundes hin, auf deſſen Bildung ſie wahr= ſcheinlich wenig Einfluß werden ausüben können.

Hierauf bot am 15. Juni Preußen an Sachſen, Hannover und Kurheſſen ein Bündniß an auf Grund unbewaffneter Neu= tralität, mit der Bedingung der Berufung des deutſchen Parlaments.*)

Preußen mußte, wenn es Krieg zu führen hatte gegen Oeſterreich, ſich ſicherſtellen dieſen Staaten gegenüber. Aber es iſt ſchwer abzuſehen aus welchem Grunde dieſelben verpflichtet geweſen ſein ſollten, in der ihnen geſtellten Friſt von wenigen Stunden auf das neue Parlament einzugehen, welches Preußen proponirt hatte und auf einen neuen Bund, — auf ein Parlament, deſſen Baſis das allgemeine Stimmrecht, und auf einen neuen Bund, deſſen Baſis die Ausſchließung Oeſterreichs aus Deutſch= land ſein ſollte.

War der alte Bund geſprengt, wie Preußen behauptete, ſo waren die drei Staaten Preußen gegenüber völkerrechtlich Aus= land. Und Niemand wird behaupten, daß jeder ſtärkere Staat — Preußen — nach eigenem Ermeſſen jedem ſeiner ſchwächeren Nachbarn — etwa Holland, Belgien oder der Schweiz — Bünd= niſſe aufzudringen berechtigt ſei.

Die drei Staaten lehnten ab.

Sofort brach nun der Krieg aus. Preußen occupirte Han= nover und rückte in Sachſen und ſpäter in Böhmen ein. Es

---

*) S. Staatsanzeiger vom 17. Juni.

folgte der Sieg, die Annexionen, die Einleitung des Norddeutschen Bundes und der Friede.

Orientiren wir uns nun in der Gegenwart; blicken wir jedoch zuvor zurück auf den allgemeinen Character des jetzt gesprengten Bundes.

Wäre Deutschland 1813 ausschließlich durch seine eigene Kraft von Napoleons Zwingherrschaft befreit worden, und wäre diese Kraft Deutschlands damals straff zusammengefaßt gewesen in der Hand Eines Heldenkönigs, so wäre vielleicht die Herstellung eines deutschen Reiches möglich gewesen, welches den Träumen der damaligen Jugend entsprochen hätte. Wir heutigen Greise, damaligen Jünglinge, träumten vor und nach unseren Feldzügen, trunken von der Begeisterung des Krieges und unerfahren wie wir waren, ein deutsches Reich, selbständig, einig, mächtig, voll Glaubens und Geistes, welches Recht und Freiheit in schönem Einklange zum Siege führen würde über revolutionären Despotismus. Allein jene Prämissen fehlten.

Napoleon war der Feind nicht bloß Deutschlands, sondern des gesammten Europa's gewesen. Erst nachdem Rußland ihn besiegt hatte, wand sich Preußen los, — Preußen zuerst und mit besonders lebendiger und bis zu Ende nachhaltiger Energie, — dann später Oesterreich, — und nach und nach das übrige Deutschland, jeder Staat mit seinen eigenthümlichen Traditionen und Interessen, aus den umschlingenden Armen Napoleons, und es trug dann jeder Staat nach seinem Umfange und Inhalte bei zum endlichen Siege, aber nur unter sehr wesentlicher Hülfe Rußlands und Englands, und Hand in Hand selbst mit Spanien und Schweden. Der Wiener Congreß konnte daher das befreite Deutschland nicht anders constituiren, als unter dem Einflusse

2

aller dieser mehr oder minder bedeutenden Selbständigkeiten und ihrer Reibungen untereinander. Dem Werke des Congresses, dem Deutschen Bunde, prägte sich sonach unvermeidlich der durch diese Thatsachen bedingte Character auf. Aus dem Markten und Feilschen formell gleichberechtigter großer und kleiner Staaten, die noch dazu unter dem hin und her zerrenden Einflusse dreier fremder Großmächte standen — denn auch Frankreich redete mit — konnte unmöglich ein einheitliches und mächtiges deutsches Reich hervorgehen.

Gleichwohl aber lag dem Bunde, wie allen Schöpfungen des Jahres 1815, Ein erhabener Gedanke zum Grunde, der Gedanke, der die Seele der Freiheitskriege gewesen war und der seinen idealen Ausdruck in der heiligen Allianz*) gefunden hatte, der Gedanke des Rechts und der Freiheit, auch in gewissem Maße des Christenthums und der christlichen Kirche, das heilige „von oben“ im Gegensatz zu dem unheiligen „von unten“ und zu der 1815 besiegten Revolution und Tyrannei. Noch heute sind daher, in Kraft dieser Idee, die, obschon von Anfang nur schwach realisirt, doch fortgelebt hat und noch fortlebt, die Ver=

---

*) Die drei siegreichen Monarchen erklärten wörtlich in der Urkunde der heiligen Allianz „ihre unerschütterliche Entschließung in der Regierung ihrer Staaten und in ihren Verhältnissen zu anderen Mächten nur den Vorschriften des Christenthums folgen zu wollen, den Vorschriften der Gerechtigkeit, der Liebe und des Friedens, welche weit entfernt bloß auf das Privatleben anwendbar zu sein, vielmehr gerade die Beschlüsse der Fürsten beseelen und ihre Schritte leiten müßten.“ „Sich selbst,“ sagten die Monarchen weiter, „sähen sie nur an als beauftragt von der Vorsehung, drei Zweige einer und derselben Familie zu regieren, nämlich Oesterreich, Preußen und Rußland,“ indem sie anerkannten, „daß das Volk der Christen, mithin sie selbst und ihre Unterthanen, eigentlich keinen anderen Herrn habe, als den, welchem allein alle Macht gebühre, weil in ihm allein die Schätze einer unendlichen Weisheit, Liebe und Erkenntniß zu finden seien, nämlich Gott, unseren Erlöser Jesus Christus, das Wort des Allerhöchsten, das Wort des Lebens.“

träge von 1815 der Gegenstand des lebhaften Hasses der beiden Neffen und Gesinnungserben des ersten Napoleon.

Diese Idee festzuhalten im Glauben, auszubilden im Geiste und geltend zu machen in allen practischen Anwendungen, insbesondere im heiligen Kampfe gegen alle Gottlosigkeiten und Rechtsverletzungen des Revolutionswesens, — das war seit 1815 die hohe Aufgabe der deutschen Fürsten, am meisten der deutschen Großmächte und der gesammten deutschen Nation, dieselbe Aufgabe, die noch in der Preußischen an Oesterreich gerichteten Note vom 26. Januar 1866 nachklingt als „gemeinsamer Kampf wider die Revolution".

Aber wie ist sie gelöst worden? Sehr bald schämte man sich der heiligen Allianz als einer Schwachheit. An die Stelle des Aufschwungs der Freiheitskriege trat negativer Conservatismus und reprimirendes Polizeithum. Eigenmächtige Sonderinteressen verdrängten die einigende Begeisterung und erzeugten Reibungen und Zwietracht.

Der Bund konnte keinen anderen Inhalt haben, als den die Bundesglieder ihn gaben, vorzüglich seine größesten Glieder Preußen und Oesterreich. Diese aber standen seit 1815 jedes in seinem Innern und in Deutschland meist nur abwehrend, hemmend, und noch dazu nur büreaukratisch-schwächlich hemmend, den revolutionären Elementen des Liberalismus gegenüber ohne die wahren Rechts- und Freiheitsbedürfnisse zu befriedigen. Seit 1848 schwankten beide Großmächte hin und her zwischen Revolution und Reaction. Sie vermochten nicht, ihrer eigenen inneren Krisen Herr zu werden. Wie hätten sie den Bund durchdringen können mit kräftig-einigendem Geiste?

Der in jener Preußischen Note erwähnte „gemeinsame Kampf wider die Revolution" hätte als lebendiges Prinzip Preußen und Oesterreich verbrüdern, ihre Zwistigkeiten in den Hintergrund drängen und so die Einheit des gesammten Deutschlands vor-

2*

bereiten follen, derselbe Kampf, in den Preußen in seinem Innern nach Olmütz 1851 und wiederum 1862 nicht ohne Erfolg ein= getreten ist, — der aber allerdings wenig stimmt zur Intimität mit dem bonapartistischen Frankreich, so fern dieses die „Ge= sinnungen des ersten Napoleon" und dessen „Haß gegen die Verträge von 1815" geerbt hat, und noch weniger zur Intimität mit Cavour's Italien.

Man hat gesagt, der Bund habe nicht die Einheit, sondern die Zwietracht Deutschlands dargestellt. Richtiger und billiger hätte man gesagt: eine durch Zwietracht getrübte Einheit.

Es ist dies aber kein Vorwurf gegen den Bund als solchen. Der Bund mußte Deutschland darstellen wie es war, also zwieträch= tig, so weit Preußen und Oesterreich uneins waren. So hat das Preußische Parlament in den Jahren 1862—66 die Zwietracht im Innern Preußens dargestellt und insofern das Land wirklich repräsentirt, wie es sein Beruf war, und so wird gewiß das Norddeutsche Bundesparlament, wenn es zusammentritt, ebenfalls die Zwietracht im Innern des Bundes repräsentiren. Der Vor= wurf trifft den, der an der Zwietracht Schuld ist.

Die Kleinstaaterei, gegen die so viel geredet wird, ist an sich kein Uebel, wenn nur die Kleinen zu den Großen in dem rechten Verhältnisse stehen. Dies herbeizuführen war wesentlich der Großstaaten Aufgabe, welche sie, einig unter einander, hätten lösen können und sollen. Es ist eine eigenthümliche Herr= lichkeit der Großstaaten — das kaiserliche Moment ihrer erhabenen Stellung — Kleinstaaten unter ihren Adlersflügeln zu haben. Wo bleiben bei diesem Schmähen auf die Kleinstaaterei die vielen Kleinstaaten des künftigen norddeutschen Bundes? Wo die zum Theil sehr kleinen Einzel=Staaten unter den Vereinigten Staaten von Nordamerika? Wo bleibt, wenn es keine Kleinstaaten geben soll, Niederland, Belgien, die Schweiz, Dänemark, Portugal, Griechenland? Wo bleibt endlich, nachdem diese alle verschlungen sind, und wenn nur Quadratmeilen entscheiden, wo bleibt da gesammte Kleindeutschland des Norddeutschen Bundes, und wo Preußen selbst, wenn Rußland, England, Frankreich in irgend einer europäischen Conjunctur übereinkommen: Preußen oder Kleindeutschland sei eine nicht zu duldende Kleinstaaterei? Wo bleibt die tausendjährige Geschichte Groß = Deutschlands?

Es hat aber auch — bei allen angedeuteten Mängeln — dennoch der Deutsche Bund viel geleistet eben in Kraft jener großen Idee, und König Friedrich Wilhelm der Dritte hat seine Gerechtigkeit und Weisheit bewährt, indem er bis an sein Lebens= ende am Bunde fest hielt und an der Freundschaft mit Oester= reich, — welche des Bundes Hauptinhalt war, — und diese Freundschaft seinem Thronfolger empfahl.

Fünfzig Jahre lang hat kein feindlicher Soldat die Deutschen Grenzen überschritten. Erst in diesem Jahre 1866 hat, gedeckt durch Preußische Waffen, Garibaldi dieser langen Unversehrheit unseres Vaterlandes ein Ende gemacht. Fünfzig Jahre hindurch ist unter dem Bunde Deutschland im Frieden aufgeblüht wie nie zuvor. Drei Französische Revolutionen hat der Bund überlebt, 1830, 1848 und 1851, und zwei Französische Dynastien, die Bour= bons und die Orleans. Er hat dann die Französische Republik mit ihrem Krater Paris drei Jahre lang und vierzehn Jahre lang die neueste Phase der Bonapartistischen Dynastie mit ihrem Hasse der Verträge von 1815 ertragen. Mehrmals tief erschüttert, stand der Bund doch aufrecht. Einmal war er sogar nieder= geworfen — 1848 — als auch Preußen und Oesterreich am Boden lagen. Aber er richtete sich bald wieder auf in Folge der gerechten und weisen Politik Olmütz, welche Graf Bismarck am 3. December 1850 in unserer zweiten Kammer so glänzend vertheidigt hat.

Nach fünfzig Jahren, 1916, wird der Norddeutsche Bund Rechnung von seinem Haushalt zu thun haben, wenn er dann noch besteht.

Preußen hat schon einmal dem Deutschen Bunde eine neue ver= meintlich bessere Schöpfung substituiren wollen — in Erfurt. Mit Beziehung hierauf sagt das Preußische Staatsministerium in einem unter dem 15. September 1863, auf Veranlassung des damaligen Oesterreichischen Bundes=Reformprojects, erstatteten Berichte: „Die ernsten Erfahrungen, welche darauf (nämlich auf Erfurt) gefolgt sind, haben gezeigt, daß es nicht wohlgethan ist, das vorhandene Maaß des Guten zu unterschätzen und das Vertrauen auf be= stehende Institutionen (den Bund) zu erschüttern, ehe das Bessere mit Sicherheit in Aussicht steht." Und noch unter'm 27. Mai 1866 sagt ein Preußisches Circular an die Preußischen Gesandt= schaften in Beziehung auf Bundesreform: es sei nicht die Masse der unberechtigten Forderungen, welche den revolutionären Bewegungen Kraft verleihe, sondern der geringe Antheil der berechtigten Forderungen;" und „es liege Sr. Majestät dem Könige persönlich nichts ferner, als Seine Bundesgenossen, die Deutschen Fürsten, unterdrücken zu wollen." Die in dem Circular als die berechtigten bezeichneten Forderungen werden als „bescheidene" characterisirt. Sie enthalten noch nichts vom Aus= scheiden Oesterreichs.

Betrachten wir nun unser Deutsches Vaterland nach Spren= gung des Bundes und nach dem Frieden.

Mehr als ein Viertel von Deutschland, das weite Oesterreichische Ländergebiet ist nun für das übrige Deutschland, staats= und völkerrechtlich, Ausland. Die Einwirkung auf dieses Viertel, welche das übrige Deutschland, am meisten das größeste Bundesglied Preußen, in Kraft der Bundesgliedschaft auszuüben hatte und vielfach wirklich ausgeübt hat, ist aufgegeben. Wie Oesterreich nicht mehr auf Preußen und das übrige Deutschland rechnen darf kraft Bundesrechts in guten und bösen Tagen, so auch Preußen und das übrige Deutschland nicht mehr auf Oester= reich. Beides ist 1815 und dann oft practisch geworden, wie König Friedrich Wilhelm der Dritte wohl erkannte, als er seinem Thronfolger die Freundschaft mit Oesterreich empfahl. 1848 ist Preußen, nachdem es mit Oesterreich gefallen war, auch mit Oesterreich wieder aufgestanden. Oesterreich ist keine erobernde Macht. Preußen hatte von Oesterreich wenig oder nichts zu fürchten, wohl aber viel zu hoffen „im gemeinsamen Kampfe wider die Revolution", den noch jene preußische Note vom 26. Januar 1866 als Band ihrer Gemeinschaft nennt. In Böhmen, in Ungarn, in Galizien hielt bisher Oesterreich Deutsche Herrschaft und Deutsches Wesen aufrecht. Künftig wird es ihm unter den Reibungen der Nationalitäten in seinem Innern schwer werden, seinen Deutschen Grundcharacter überhaupt, auch nur in seinen reindeutschen Ländern, festzuhalten. Die Gefahr liegt nahe, daß Oesterreich nun magyarisirt und slavisirt werde bis hinan an die Italienischen, Bairischen, Sächsischen und Schlesischen Grenzen. Vom adriatischen Meere ist das übrige Deutschland nun ausge= schlossen. Der Deutsche Antheil daran gehört jetzt Oesterreich allein. So ist auch das wichtige Verhältniß Deutschlands zu den sich auflösenden Staaten des „kranken Mannes", — dieses weite Gebiet für Deutschen Handel, Deutsche Cultur und Deutsche Colonisation, — nun ausschließlich in Oesterreichs Händen. Venetien, die Minciolinie, das Festungsviereck hielt 1848 in der Paulskirche sogar der damalige (Oesterreich ungünstige) Schwindel= geist noch fest als wesentlich für den Schutz Süddeutschlands. Hierin war dieser Geist verständig, auch noch zu der Zeit, wo er die Lombardei schon aufgab. Jetzt ist Venetien, die Mincio= linie, das Festungsviereck für Deutschland verloren. Preußische Waffen haben dies alles für das revolutionirte Italien erobert. Deutschland ist völlig verdrängt aus Italien, wo es seit tausend

Jahren festen Fuß gefaßt und fast ununterbrochen behauptet hatte. Noch 1859 hat Preußen zu den Waffen gegriffen, weil die Deutsche Herrschaft Oesterreichs in Italien bedroht war.

Süddeutschland bis an die Mainlinie wird wiederum etwa ein Viertel — also mit Oesterreich zusammen ungefähr die Hälfte — des ganzen Deutschlands ausmachen, — wenn Ausdehnung und Bevölkerung berücksichtigt wird. Dieses Viertel ist ebenfalls für den künftigen Norddeutschen Bundesstaat staats- und völkerrechtlich Ausland. Die Südstaaten können zusammen oder einzeln sich vereinigen mit dem Auslande, etwa mit Oesterreich, mit der Schweiz, mit Frankreich. Sie können sogar aufgehen in eines dieser Nachbarländer. Sie können, etwa unter Französischem Schutze, einen neuen Rheinbund bilden, — alles wie dazu die jeweilige Conjunctur unter den Wechselfällen der Politik und des Krieges Gelegenheit geben wird. Vereinigung mit dem Norddeutschen Bunde ist auch eine Eventualität, aber nur Eine unter vielen. Dieser Vereinigung dürften die Süddeutschen Fürsten und ihre ihnen anhangenden conservativen Unterthanen schwerlich günstig sein. Sie werden wenig einladendes finden in dem Norddeutschen Parlament aus dem allgemeinen Stimmrecht und in dem Verhältniß der kleinen Norddeutschen Fürsten zu diesem Parlament. Wohl aber könnten nach den Erfahrungen der Jahre 1848 und 1849 Süddeutsche Demokraten oder Gothaner zu dieser Vereinigung drängen, dieselben Parteien, welche die preußische Regierung 1850 in Erfurt sich gegenüber hatte, die Parteigenossen derer, die 1862-6 der preußischen Regierung so feindselige Opposition gemacht haben. Zwar ist der Zollverein ein Band zwischen Süd- und Norddeutschland. Allein in keiner der vielen politischen Umwälzungen unseres Jahrhunderts haben materielle Interessen eine entscheidende Einwirkung ausgeübt. Dazu ist das Parteiwesen und sind die dem Parteiwesen zum Grunde liegenden Gegensätze —

Freiheit, Autorität, — Herrschaft von unten oder von oben — viel zu mächtig. Revolution, Reaction, neue Aera, wiederum Reaction — kein Glied dieses Zickzacks unsrer Geschichte kann in irgend einem bedeutenden Grade auf materielle Interessen zurückgeführt werden. So auch nicht die verhängnißvollen Begebenheiten dieses Jahres 1866, der Bundesbruch), der Krieg, die Annexionen, der Frieden, das Norddeutsche Bundesproject mit seinem Parlamente.

Annexionen — Besitznahme fremder Länder ohne Abtretung — sind, seit der erste Napoleon sie im Großen vollzog, also seit 1813, in Deutschland nicht vorgekommen. In Italien dagegen ist wesentlich aus Annexionen das dortige neue Königreich vor unsern Augen entstanden. Unsere conservative Partei und ihre Organe konnten seit 1860 nicht schneidende Worte genug finden um diese Annexionen und ihre Urheber zu verurtheilen. Bis zum Uebermaaß gaben aus der Mitte der Partei Sympathien sich kund für den vertriebenen König von Neapel. Im Frühjahr dieses Jahres verstummte plötzlich diese stürmische Sprache. Jetzt, nachdem die Preußischen Annexionen verkündet sind, hat ein Preußischer Patriot in der Kreuzzeitung jenen Ton wieder aufgenommen. Es graut ihm vor der Gleichstellung mit dem „König Ehrenmann“, mit Cavour und Garibaldi. „Treubruch, Empörung, Bestechung,“ wirft er Cavour und dem Königreiche Italien vor, — „jeder der Revolution geleistete Dienst und jede Schöpfung der Revolution sei ein Dienst und Werk der Lüge, — Brigandage, Aufruhr, Raub, finanzieller Ruin, vor allem tiefe Entsittlichung und Abfall von jedem Glauben herrsche im Innern des Königreichs Italien“; ganz etwas anderes aber, das Gegentheil von dem allen, seien die Preußischen Annexionen. Allein wenige Tage darauf erhielt der Patriot seine Rüge von dem Preußischen Staatsanzeiger. Dieses „amtliche Organ“ ist der Distinction zwischen Italien und

Preußen nicht günstig, die der Patriot macht. Seine Aeußerungen, sagt der Staatsanzeiger, entsprechen nicht den historischen Thatsachen, — er mißachte das berechtigte Streben der Bewohner Italiens nach nationaler Einheit und zeige kein Verständniß für die kulturgeschichtliche Bedeutung der Neugestaltung Italiens. Besonders wird die Behauptung des „Abfalls von jedem Glauben" zurückgewiesen. „Italien" — heißt es weiter — „sei im Kriege ein treuer und wichtiger Verbündeter Preußens gewesen; so dürfe daher ein Preußisches Blatt nicht sprechen".

Schon einmal hat Preußen sich bedeutend vergrößert durch die Annexion Hannovers, 1806, mit Zustimmung des damaligen Napoleon. Hannover ging dann, 1807, durch Abtretung an König Jerome über, den Vater des jetzigen Prinzen Napoleon. Frankfurt gehörte zu jener Zeit dem Fürsten Primas des Rheinbundes, dessen Protector Napoleon war.

Man hat auf das Recht der Eroberung sich berufen. Dieses Recht hängt jedoch ab von der Veranlassung und Beschaffenheit des Krieges, der der Eroberung voran geht. Der Begriff des Rechts selbst bringt es mit sich, daß die bloße Gewalt kein Recht begründet. In keinem Falle wird das Recht des Eroberers hinausgehen dürfen über den Zweck der Entschädigung und der Sicherstellung für die Zukunft. Das Moment strafender Gerechtigkeit würde, so weit es überhaupt Anwendung fände, doch sorgfältig getrennt bleiben müssen von jedem weiter greifenden Vortheil oder Gewinn für den Strafenden.

Auch Napoleon III. hat nicht ohne weiteres erobert. Nachdem er Frankreich sich unterworfen, hat er es sich zusprechen lassen durch das allgemeine Stimmrecht. Dieses Instrument versagt erfahrungsmäßig niemals, wenn die Macht dahinter steht und gehörig gebraucht wird. Als Princip soll es jetzt in Nordschleswig eine neue Sanction erhalten, und, wie es scheint, überhaupt an die Stelle der „gehaßten" Verträge von 1815 treten.

Würde das Princip consequent durchgeführt, so würden künftig nur noch diejenigen Dynastien, — vielleicht nur die einzelnen Herrscher, — als legitim gelten können, welche dieses Examen bestanden hätten.

In den annectirten Ländern wird es Preußen obliegen, das Gewissen derer zu befriedigen, die in treuer Pietät ihren bisherigen Landesherrn ergeben sind, und dann ihr Vertrauen und ihre Anhänglichkeit zu gewinnen.

Die bloße Besitznahme entbindet nicht von solcher Treue. Sonst wäre die Treue nichts, gerade wenn sie am nöthigsten ist. Napoleon hätte dann im Juli 1807 nur noch Memel zu be= setzen brauchen, um durch Ein Wort die untreuen Preußen in treue zu verwandeln und die treuen, deren es — Gott sei Dank — unzählige gab, in untreue. Solche für jeden Staat — namentlich für Preußen selbst — grundverderbliche Lehren darf Preußen nicht begünstigen.

Dagegen werden diejenigen an Preußen sich andrängen, die schon bisher ihre Landesherrn los zu werden oder zu nulli= ficiren versucht oder gewünscht haben. Es wird eine unumgäng= liche, aber sehr schwere Aufgabe für Preußen sein, solche Allian= zen zurückzuweisen. Leute dieser Art pflegen sehr dreist zu sein. Es ist jedoch ein dringendes Bedürfniß auch der alten Preußi= schen Landestheile, daß diese Aufgabe gelöst werde. Die Treue ist in allen Beziehungen treu, und die Untreue in allen un= treu. Der revolutionäre Radicalismus der ganzen Welt hat nur Eine Wurzel und trägt nur Einerlei Frucht.

„Lehre sie wie Christen ihres Eides gedenken," so beten wir sonntäglich in der Kirche. Halten wir jedes Gewissen in Ehren, dem der Herr, den wir anrufen in diesem Gebet, Gnade giebt seines Eides zu gedenken.

In dem blutenden Herzen der Treue ist der uralte Kern der Deutschen Nationalität zu finden, nicht in den hohlen Phra=

sen: Realpolitik der Thatsachen — welthistorische Nothwendig=
keiten — sich erfüllende Geschicke, und dergleichen. Solche Phrasen
umschwirrten uns, als wir heutige Greise Jünglinge waren, von
dem Bonapartischen Paris aus, während Preußen im Stillen
sich rüstete zu den Freiheitskriegen.

Wir Preußen haben mancherlei Beschwerden, begründete
und unbegründete. Aber wie würde uns zu Muthe sein, wenn
unser Königthum uns genommen oder auch nur wesentlich ge=
mindert würde, und mit dem Königthum alles was damit glied=
lich zusammenhängt und unsern Herzen theuer ist. Erinnern
wir uns, was wir 1848 empfanden, als die Gefahr solchen Un=
heils uns nur erst bedrohte! Keine Verweisung auf ein künftiges
Klein= oder Großdeutschland — zu vereinbaren mit den Er=
wählten des allgemeinen Stimmrechts — würde uns trösten.
Schließen wir von uns auf die treuen Unterthanen der annec=
tirten und nichtannectirten außerpreußischen Staaten des künftigen
Norddeutschen Bundes!

Man hat in Beziehung auf die Annexionen gesagt: es
komme auf die Bevölkerungen an; um der Bevölkerungen willen
existirten die Dynastien, nicht aber die Bevölkerungen um der
Dynastien willen. Die Wahrheit ist, daß Gott zu Seiner Ehre
beide Glieder — Dynastien und Bevölkerungen, Väter und Kin=
der — geschaffen hat, jedes Glied für sich und für das andere,
beide zur Offenbarung Seiner Herrlichkeit, Seiner Macht und
Seiner Liebe. Jener halbwahre Satz reißt auseinander, was
zusammen gehört. So wird auch, was darin wahr ist, zur Un=
wahrheit. Es liegt dieser Unwahrheit die revolutionäre Irrlehre
zum Grunde, daß die Menge die Obrigkeiten mache und daß die
Obrigkeiten der Menge zu gehorchen haben, — die Irrlehre,
welche keinen Staat gewisser umstürzen würde als das so gründ=
lich königliche Preußen.

Im Innern hören wir die Aufforderung: das „Partei=

wesen" ruhen zu lassen, die „starren Doctrinen" und den „un=
erquicklichen theoretischen Parteizwist" der Vergangenheit zu über=
weisen und dem Auslande gegenüber eine Einheit darzustellen.
Aehnliche Aufforderungen ergingen im März 1848, bekanntlich
mit der Wirkung, daß die Conservativen getrennt und einge=
schläfert (wozu sie ohnehin sehr geneigt sind) und ohnmächtig,
die Liberalen und Radicalen dagegen geeinigt, aufgeweckt und
übermächtig wurden. Das was man Märzrevolution nennt,
was aber Herr von Unruh, der Democrat, richtiger als Mini=
sterial= und Systemwechsel bezeichnet, wurde von conservativen
Staatsmännern eingeleitet und ins Werk gesetzt. Sobald dies
geschehen, machten conservative Notabilitäten jedem Patrioten zur
Pflicht, keinen Widerspruch gegen die Errungenschaften, keine Un=
einigkeit, kein Votum gegen das angeblich völlig unentbehrliche Mini=
sterium Camphausen aufkommen zu lassen. Die Folge war, daß
der feudale Zweite Vereinigte Landtag fast ohne Ausnahme den
extremsten Revolutionsidealen zustimmte und das Land in den
Abgrund stieß, aus dem es vergeblich sich herauszuarbeiten ver=
suchte, bis die starke Hand von oben es im November wieder
herauszog und auf seine Füße stellte.

Auch jetzt kommt es nicht darauf an, daß das Land nach
außen einig scheine, — denn durch und hinter den bloßen
Schein sieht doch Jedermann — sondern darauf kommt es an,
daß es einig sei.. Diese wahre Einheit aber kann nur durch
Kampf und Sieg errungen werden, durch den Sieg, der seit
1862 dem Anfange nach schon errungen war.

Um die mehrjährige Regierung ohne Etatsgesetz zu decken,
ist „Indemnität" ertheilt worden. Die Conservativen haben
versucht, den natürlichen Sinn dieses Wortes durch allerlei wohl=
gemeinte mehrdeutige Redewendungen zu mildern: man sei „außer=
halb" der Verfassung gewesen und dergleichen. Die bisherigen
Gegner der Regierung dagegen haben den natürlichen Sinn fest=

gehalten, dahin: daß die Regierung vier Jahre lang die Ver-
faffung widerrechtlich verletzt habe. Und Graf Eulenburg, der
Minister des Innern, hat diese Auslegung bestätigt, indem er
am 3. September im Unterhause zugesteht, daß die Regierung
einen „verbotenen Weg" eingeschlagen habe und nur durch die
Noth (— „um einen Ertrinkenden zu retten" —) „entschuld-
bar" sei, — worauf „Bravo rechts" erfolgt; „bewilligen
Sie uns den Credit", fährt Graf Eulenburg fort, „so ist die
Regierung moralisch gezwungen, mehr als bisher sich Ihnen
zuzuwenden", — ob insbesondere auch den Democraten, ist nicht
speciell ausgedrückt. Graf Eulenburg erwähnt nicht, daß es
bisher eine conservative Partei gegeben hat, welche stets für das
Gegentheil dieser Verfassungsauslegung und dieser Zugeständnisse
eingetreten ist im harten Kampfe für die Regierung. Und
die Conservativen, die, als practische Männer, mit Vergnügen
Prinzipien aufgeben für allernächste kleine Erfolge, sind mit
wenigen Ausnahmen nicht unzufrieden mit solcher Behandlung,
so weit das „Bravo rechts" einen Schluß erlaubt. Man sollte sie
statt: practische Männer, lieber kurzsichtige Männer nennen.

Gern haben unter diesen Umständen die Gemäßigteren unter
den bisherigen Gegnern der Regierung Indemnität gewährt; sie
haben eben dadurch das ihnen bisher bestrittene Recht ausgeübt und finden dadurch bestätigt, was sie 1862—1866 behauptet haben und eben so lange conservativerseits ihnen be-
stritten worden ist, daß nämlich das Abgeordnetenhaus allein
endgültig zu bestimmen habe, welche Ausgaben nicht dürfen geleistet werden, und daß die Regierung, wenn keine Einigung zu
Stande kommt, ihrerseits kein anderes Mittel habe, als entweder
Nachgeben oder Auflösung des Hauses und Fälschung des Herren-
hauses. Die Extremeren acceptiren zwar auch das Zugeständniß,
aber sie fordern daß es noch schärfer formulirt und durch ein
Ministerverantwortlichkeitsgesetz ergänzt werde. Die Democraten

wissen genau und haben es oft ausgesprochen, — was die Con=
servativen jetzt gern vor sich selbst verbergen möchten — daß
der eigentliche Gegenstand dieses Streites nicht das Budget,
sondern die Selbständigkeit des Königthums ist (— wer regiert?
der König oder das Unterhaus? —) und daß die Armee=Orga=
nisation nur die, verhältnißmäßig unwichtige, Veranlassung dieses
Streites um Sein und Nichtsein für Preußen gewesen ist. Dieser
angeblich „theoretische" Streit ist derselbe Streit, der das ge=
sammte neunzehnte Jahrhundert bisher durchdrungen hat und
ferner durchdringen wird, — derselbe Streit, der Staaten und
Kirchen bis in ihre Fundamente erschüttert, — und zugleich der
allerpractischste Streit, der im Innern unseres Vaterlandes je
gestritten worden ist und gestritten werden kann. Wer ihn „un=
erquicklich" findet, beweist damit, daß er es nicht als Ehre und
Freude empfindet, das Vaterland und besonders unser Königthum
zu vertheidigen gegen seine innern Widersacher.

Die Democratie hat bis vor wenigen Monaten mit einem
Uebermaaß von feindseliger Heftigkeit der Regierung Trotz ge=
boten. Es ist nicht einzusehen warum sie jetzt ihre Prätensionen
herabstimmen sollte. Es eröffnet sich vielmehr für sie ein weites
günstiges Terrain für ferneren Kampf und Sieg, nämlich ein
Bundes=Parlament, an welchem ihre Freunde, aus allen Bundes=
ländern gewählt von der Kopfzahl durch geheime Zettel, Theil
nehmen, in, wie es scheint, nur Einer Kammer, — und zwar
ein Parlament, das berufen ist, eine Bundesverfassung zu „ver=
einbaren" — wie die preußischen Noten vom 16. Juni an die
künftigen Bundesglieder sich ausdrücken.*) Wie diese Bundes=
verfassung und das Bundesparlament sich verhalten soll zu
unserm Parlament und zu unserer Landesverfassung, ist noch
nicht ersichtlich. Die Democratie begrüßt indeß die Wiederkehr

---

*) S. Kreuzzeitung vom 15. August.

der Jahre 1848 und 1849, eine Wiederkehr, die weit hinaus=
geht über alle Hoffnungen, die sie noch vor wenigen Monaten
hegen durfte.

Die Regierung hat ausdrücklich zurückgegriffen auf das
„Reichswahlgesetz“ von 1849. So liegt es denn nahe, daß die
Fortschrittspartei den Rückschritt nun gleich bis zur gesammten
Reichsverfassung von 1849 fordert.

Was geschehen soll, wenn keine „Vereinbarung“ zu Stande
kommt, darüber verlautet nichts. Und doch ist gerade dieser Fall
für uns schon dreimal eingetreten, in Berlin 1848, in Frank=
furt 1849 und in Erfurt 1850. Noch hat kein Preußisches oder
groß= oder kleindeutsches Vereinbarungsparlament eine Verfassung
wirklich vereinbart.

Schon im April dieses Jahres, als erst der kleinste Theil
von dem geschehen war, was jetzt vor Augen liegt, erklärte der
Fortschrittsmann Stadtgerichtsrath Twesten — derselbe, der
Veranlassung gegeben hat zu der Ober=Tribunals=Entscheidung
über Injurien und Verleumdungen in Tribünenreden —: es sei
„die Zersetzung der conservativen Partei ein sehr großes Verdienst
des Grafen Bismarck; nach ihm werde es keine conservative Partei
mehr geben, denn alle ihre Prinzipien werfen sie jetzt über Bord.“
Allein diese Vorhersagung ist doch wohl voreilig und dürfte nicht
zutreffen. Auch 1848 hatte die Masse der Conservativen ihre
Prinzipien über Bord geworfen. Als jedoch der Nebel verschwand
und die Thatsachen in ihrer Nacktheit ihnen vor Augen standen,
da sammelten sie sich wieder um die alte Fahne von 1813, in
der sie die unvergängliche Losung „mit Gott“ und das preußische
Feldgeschrei „für König und Vaterland“ lasen, und dienten dem
Könige und dem Vaterlande unter dieser Fahne achtzehn Kampfes=
jahre hindurch mit abwechselndem, aber im Ganzen doch gutem,
Erfolge.

Wenn nur Glaube und Liebe sich verjüngen und erstarken, so wird auch die Hoffnung nicht zu Schanden werden.

Ungewiß ist die Zukunft, aber gewiß ist, daß das Vaterland bald einer tüchtigen conservativen und königstreuen Partei be= dürfen wird. Besinnen wir uns also, und rüsten wir uns zu neuen Kämpfen!

————

Wir blicken jedoch noch weiter um uns, hinüber über unser Preußisches und Deutsches Vaterland. Die „Erbschaft der Ge= sinnungen des großen Napoleon" und der „Haß der Verträge von 1815" berühren unmittelbar unsere westlichen Grenzen. Aber größeres als dies verkündigt der Prinz Napoleon, der Miterbe jener Gesinnungen und jenes Hasses. Hören wir die Rede, die er in der Mitte des letztvergangenen Juli bei einer öffentlichen Gelegenheit nach Zeitungsberichten gehalten hat.

„Das Französische Kaiserreich ist der Triumph der heutigen Democratie, der Triumph der Revolution. Die Revolution ist aufgehalten worden durch die Restauration und durch parlamentarischen Liberalismus. Aber jetzt schreitet sie vorwärts, allen Hindernissen zum Trotz. Man ist zu bedächtig gewesen und hat zu viel überlegt. Schon vor einem Jahre hätte man mit Preußen und mit Italien sich alliiren sollen. Jedenfalls aber ist nun die Zeit gekommen, die Fahne der Revolution — oder, was dasselbe ist, die Fahne des Kaiserreichs — hochflattern zu lassen. Das Programm dieser Revolution ist: Kampf gegen den Katholicismus — große nationale Einheit auf den Trümmern der künstlich gemachten Staaten und der Verträge, auf denen sie beruhen — Triumph der Democratie auf der Basis des allgemeinen Stimmrechts, aber einer Democratie, welche wenigstens noch ein Jahr-

hundert lang geleitet wird durch die starke Hand von
Cäsaren — das kaiserliche Frankreich auf dem Gipfel
dieser europäischen Situation — Krieg, ein langer Krieg,
als Bedingung und Werkzeug dieser Politik. Das erste Hinderniß
derselben ist Oesterreich. Oesterreich ist die mächtigste Stütze
des Katholicismus. Es repräsentirt die verbündeten Natio=
nalitäten im Gegensatz zu den einheitlichen Nationalitäten.
In Wien, in Pesth, in Frankfurt strebt Oesterreich nach parla=
mentarischen liberalen Staatsformen im Gegensatz zur Democratie.
Oesterreich ist die letzte Zuflucht des Katholicismus und der
Feudalität. Es muß daher niedergeschlagen und todt getreten
werden." So Prinz Napoleon.

Es klingt dies sehr wild und wüst; aber es ist Methode
und Zukunft in dieser wüsten Wildheit. Schon vor etwa
zehn Jahren hat eben dieser Prinz den Untergang der „altern=
den Dynastien (dynasties vieillissantes)" proclamirt. Es giebt
auch in der That heut zu Tage in der ganzen Welt nichts feu=
daleres nach Ursprung und Inhalt als diese unsere, von ihm
en masse als alternd bezeichneten legitimen Dynastien. Nur
Einen Feudalismus läßt auch Prinz Napoleon sich zu Schulden
kommen: er erkennt die Nationalitäten an. Diese sind Schöpfungen
von oben; sie sind hervorgegangen aus Vaterschaft und Obrig=
keit, also gründlich feudal. Der gemeinsame Oheim des Prinzen
und des Kaisers verstand seinen Cäsarismus besser; er machte
Rom und Lübeck zu Städten desselben Reichs, und hätte London,
Edinburg und Dublin gern auch dazu gemacht. Schon die
alten römischen Cäsaren haben die Nationalitäten getilgt. Ihr
Reich war der orbis terrarum, der Weltkreis.

Da die Fahne des Französischen Kaiserreichs, nach Prinz
Napoleon, die Fahne der Revolution ist, welche den Triumph
der Democratie herbeiführt, so sind wohl die Napoleoniden die
nächsten Anwärter des Cäsarenthrones. Napoleon der Dritte

hat angefangen, als Mittler und Schiedsrichter Deutschlands und Italiens sich zu geriren. Den weissagenden Prinzen zügelt er zwar stets, aber fallen läßt er ihn nicht, und der Prinz selbst steht kraft Erbrechts — wenn dieses, nach Beseitigung des Feudalismus, noch gilt — der Regentschaft und selbst dem Throne Frankreichs nicht fern. Sind erst alle „alternden Dynastien", aller Feudalismus, aller liberaler Parlamentarismus beseitigt, so bliebe noch die christliche Kirche, — der Prinz spricht vom „Katholicismus", den er wegschaffen will; allein es ist nicht bekannt, daß er irgend einer anderen Form des Christenthums oder der Kirche als der Römischkatholischen zugethan ist. Könnte nun auch die christliche Kirche und das Christenthum vernichtet werden, so ist schwer einzusehen, welchen Widerstand die von Cäsaren geleitete Democratie noch sollte finden können. Ein Leichnam kann nur durch mechanische Kräfte von außen gehandhabt und bewegt werden, und solche Kräfte gewährt das Cäsarenthum.

Die Democratie in der starken Hand von Cäsaren ist nicht neu in der Geschichte, schon einmal, vor 1800 Jahren, haben die damaligen Cäsaren sich eingehüllt in die Scheinformen einer democratischen Republik. Zu ihrer Zeit starb die Gesittung und die Bildung der alten Welt, und die Cäsaren deckten die Leiche zu mit einem prächtigen Leichentuche.

Aber zu eben dieser Cäsarenzeit ging der ewige Morgenstern auf. Der neugeborne König machte die Welt wieder jung, und Seine Herrschaft „altert" niemals. Denn Sein Königreich hat die gewisse Verheißung, · daß es dauern wird bis zu dem hellen Tage der Ewigkeit.

———————

Merken wir inzwischen auf die Zeichen dieser unserer Zeit! Treffend schrieb vor wenigen Wochen, als von Compensationen die Rede war, die Frankreich wegen der „Aenderun= gen in Deutschland" verlange, die für ministeriell geltende Norddeutsche Allgemeine Zeitung: „Diese Aenderungen, weit entfernt, eine Drohung für Frankreich zu sein, sind vielmehr für Frankreichs Machtsphäre günstiger als die früheren Zustände. Deutschland hat dadurch keinen Machtzuwachs ge= wonnen, sondern verloren. Zu dem Deutschen Bunde hatte Frankreich einen Gegner, der nun durch das Ausscheiden Oester= reichs um dreizehn Millionen Einwohner und fast viertausend Quadratmeilen schwächer geworden ist. Diese Thatsache ist in ihrer Einfachheit so logisch, so unwiderlegbar, daß wir nicht glauben können, Frankreich werde in diesen Aenderungen in Deutschland eine Gefährdung erblicken. Man mußte es im Gegentheil für eine den Französischen Interessen durchaus ange= messene Politik betrachten, daß dieselbe den Ereignissen ihren Gang ließ, aus denen durch die Zerreißung des Bundes jener Vortheil entstanden ist. Und die unwiderstehliche Einfachheit dieses Gedankens wird sicher im Französischen Volke durch= greifen."

Es ist nicht zu bezweifeln, daß dieser „unwiderstehlich ein= fache unwiderlegbare" Gedanke — die sich vollziehende Zerrei= ßung und Schwächung Deutschlands — Napoleon dem Dritten während dieser ganzen Zeit gegenwärtig gewesen ist. Die Zerreißung und Schwächung Deutschlands — möchten doch auch wir sie uns stets gegenwärtig halten, wenn es darauf an= kommt, dem zerrissenen und geschwächten Vaterlande zu helfen!

In eine düstere Zukunft haben wir den Blick gerichtet. Aber mitten im Dunkel sehen wir ein hell glänzendes Licht: die Preußische Armee. Königgrätz war nicht bloß ein militä=

rischer Sieg, es war auch ein politischer Sieg ersten Ranges für
Preußens innere Krisen. Vor diesem Siege verstummen selbst
die Parlamentsredner, die nie verstummen. Kein Wort läßt
sich hören von der Kluft zwischen Armee und Volk, vom Junker=
thum der Officiere, von Freischaaren, Turnern und Volks= oder
Jugend= oder Bürgerwehr, vom Parlamentsheer im Gegensatz
zum Königlichen Heer, geschweige denn von der „verthierten‘
Soldatesca“. Die Königliche Heeresreform, die von den Demo=
craten vier Jahre hindurch mit unablässiger Heftigkeit angefochten
worden ist, steht glänzend gerechtfertigt vor ganz Europa und
vor ihren Gegnern.

Aber viel mehr als dies hat die in so eminenter Weise be=
währte Kriegstüchtigkeit der Armee uns errungen. Wer in Preu=
ßen Armee sagt, der sagt zugleich: König. Man hört jetzt
oft die Armee das „Volk in Waffen“ nennen, — ein schönes
Wort, wenn man nur nicht Volk und König, wie jetzt so
oft geschieht, einander entgegensetzt, und vergißt, daß der
König von Preußen als solcher mehr, viel mehr, echtes preußisches
Volksthum in sich trägt als irgend einer seiner Unterthanen.
Daher muß zu dem Worte „Volk in Waffen“ ein anderes, viel
populäreres Wort hinzutreten: „des Königs Rock“, — so spricht
unser Landvolk. Dieses Verhältniß nun, der innige glied=
liche Zusammenhang des Königs als des Hauptes mit der Ar=
mee als seinen Gliedern, diese Einheit — die Basis der Stärke
und selbst der Existenz Preußens — ist seit den Freiheitskriegen
nicht wieder so gründlich bewährt worden und in ein so helles
Licht getreten als in diesem Kriege von 1866, in welchem der
König selbst und seine Prinzen die Armee in die Schlacht und
zum Siege geführt haben. Diese Wahrheiten, diese Empfindungen
verkörpern sich in unserm alten, treuen „Schwarzweiß“. Unter
des Königs schwarzweißer Fahne ist die Armee in den Krieg
gezogen; unter den schwarzweißen Fahnen kehrt sie in Frieden heim.

Zweimal hat Preußen in seinen Kämpfen wider die Revolution an des Königs Heere sich wieder aufgerichtet, 1848 als das Fortbestehen des Thrones in Frage war, und 1862, als es galt die Selbständigkeit des Königthums zu behaupten, welche eben auf diesem Gebiete, dem der Reform der Armee, hart angefochten war. Die Armee ist, nächst dem mit ihr zu einem Leibe verbundenen Königthum nicht allein die populärste, sondern auch die fundamentalste Institution Preußens. Hoffen wir also, was auch die Zukunft bringen wird, daß der König an der Spitze seiner bewährten Armee uns hindurch führen wird durch alle Gefahren, die uns — jetzt vielleicht mehr als jemals — bedrohen.

Vergessen wir aber auch nicht, daß die königliche Armee ein königlich organisirtes Land voraussetzt und nur unter dieser Voraussetzung ein königliches Volk in Waffen ist und daß democratische Urwählerei keine Basis ist, auf welcher die Königstreue und der königliche Geist der Armee fest stehen kann.

Am 19. September 1866.

———

Druck von G. Bernstein in Berlin, Behrenstraße 56.